# Speed Reading

## Schnelllese-Profi in wenigen Stunden

Wie Sie ihre Lesegeschwindigkeit durch die Schnell-Lesetechnik drastisch erhöhen - schneller lesen und verstehen

Auflage 2017 August
ISBN-13: **978-1975798192**
ISBN-10: **1975798198**

Copyright © 2017 T.Breise

Webseite www.tbreise.buch-autoren.de
Email: tbreise@tbreise.buch-autoren.de
Infos zu Impressum:
T.Breise
c/o Autoren.Services
Zerrespfad 9
53332 Bornheim
Gestaltung : JasonMasters Photogrphy
Bilder:Shutterstock.com Photography

Newsletter Eintrag für Neuerscheinungen,
bitte per Email Anfrage an:
newsletter@tbreise.buch-autoren.de

T. Breise

# Speed Reading

## Schnelllese-Profi in wenigen Stunden

Wie Sie ihre Lesegeschwindigkeit durch die Schnell-Lesetechnik drastisch erhöhen – schneller lesen und verstehen

# Inhaltsverzeichnis

| | |
|---|---|
| Einleitung - Speedreading verschafft einen Vorteil durch Informationen | 7 |
| Teil 1 – Die Theorie des Speedreading | 8 |
| Speedreading funktioniert mit Texten aus allen Bereichen | 8 |
|    Beim Speedreading kommen spezielle Techniken zum Tragen | 8 |
|    Speedreading setzt andere Prioritäten | 9 |
| Speedreading braucht Zeitmanagement | 10 |
|    Testen Sie sich selbst | 10 |
|    Lesen bringt Vorteile, die sich potenzieren | 11 |
|    Setzen Sie sich Deadlines | 12 |
| Die drei Schritte beim Lesen von Sachtexten | 13 |
|    Überfliegen | 13 |
|    Analysieren | 14 |
|    Verwerten | 14 |
| Trainieren Sie Ihre Augen | 16 |
| Lesen Sie sich fit | 18 |
| Ohne Konzentration geht gar nichts | 20 |
| Lesen im Flow | 22 |
| Bauen Sie sich ein Wissensnetz auf | 24 |
| Teil II – Praktische Übungen | 26 |
| Lesen unter Druck | 27 |
| Lesetechniken im Vergleich | 34 |

| | |
|---|---|
| Lesen mit einer vorgegebenen Richtung | 41 |
| Erweitern Sie Ihren Wortschatz | 44 |
| Teil III - Speedreading auf die Schnelle | 48 |
| Schlusswort | 49 |
|   Urheberrechte | 50 |
|   Gratis Ebook zum schmökern | 52 |

## Einleitung - Speedreading verschafft einen Vorteil durch Informationen

Lesen hat viele verschiedene Funktionen. Als kulturelle Errungenschaft diente das Lesen früher ausschließlich der Aufnahme von Wissen. Lesen war nur wenigen Menschen vorbehalten, die sich zu den Gelehrten zählen durften. Es ist naheliegend, das die Menge des erfassten Lesestoffs in einem Verhältnis zum aufgenommenen Wissen und damit auch mit einem Wissensvorsprung steht. Das hat sich bis in unsere Gegenwart nicht verändert. Wir leben im Informationszeitalter, kaum ein Rohstoff ist ähnlich wertvoll wie Informationen. Informationen werden überwiegend über das Lesen aufgenommen, doch die Zeit, die zur Verfügung steht, ist begrenzt. Daher ist es von großer Bedeutung, schneller zu lesen. Der Vorteil, den Informationen bieten können, wird mit jeder Leseeinheit vergrößert. Die Technik, schneller zu lesen als der Durchschnitt, wird als Speedreading bezeichnet.

# Teil 1 – Die Theorie des Speedreading

## Speedreading funktioniert mit Texten aus allen Bereichen

Speedreading ist in allen Bereichen, in denen gelesen wird, möglich. Allerdings nutzen die meisten Anwender diese Technik für den Bereich des Lernens und der Berufstätigkeit. Wer das Speedreading beherrscht, kann es selbstverständlich auch anwenden, um Romane zu lesen. Doch beim Lesen als Freizeitgenuss geht es weniger um die Aufnahme von Wissen als vielmehr um das Erfassen einer Stimmung. Deshalb ist die Speedreading Kompetenz eher geeignet, sich sachliche Inhalte schnell und gründlich zu erschließen.

## Beim Speedreading kommen spezielle Techniken zum Tragen

Während es viele Kompetenzen gibt, die wir einfach durch ständiges Wiederholen verbessern können, nutzen wir für das Speedreading andere Vorgehensweisen als für das klassische Lesen. Niemand wird zum Speedreader, weil er in der ersten Klasse das Lesen erlernt und dann ganz viele Bücher liest. Speedreading ist gleichzeitig auch „anders lesen". Die Fähigkeiten, 400 Wörter pro Minuten statt 240 Wörter zu lesen, müssen erlernt und trainiert werden. Außerdem unterscheiden sie sich stark von allem, was in den Schulen als Lesekompetenz vermittelt wird.

## Speedreading setzt andere Prioritäten

Im Speedreading geht es um das Erfassen von Zusammenhängen und um das Aufnehmen der relevanten Informationen. In der Schule lernen wir, einen Text vollständig zu erfassen und zu verstehen. Dieser Unterschied liegt daran, dass Schulbücher den Schüler durch den Text führen. Schulbücher beschreiben quasi einen Weg und ein Schritt nach dem anderen muss verstanden werden. Fachbücher und Sachtexte sind anders aufgebaut. Studenten und Berufstätige erhalten nicht nur ein Lehrbuch pro Semester oder Arbeitsjahr. Sie suchen sich aus dem unerschöpflichen Angebot an Quellen selektiv genau das heraus, was sie gerade am dringendsten brauchen. Aus diesem Grund hat das Speedreading mit klassischem Lesen nicht viel zu tun.

**Es geht weniger um das Lesen als vielmehr um das Aufnehmen von so viel Information wie möglich und nicht mehr Information als nötig.**

## Speedreading braucht Zeitmanagement

Die erste und wichtigste Grundregel, wenn ein Mensch schneller lesen will, ist, sich eine Deadline zu setzen. Das bedeutet, er baut den Druck auf, in einer bestimmten Zeit eine bestimmte Menge an Text zu lesen. Das kann ein Kapitel oder eine festgelegte Seitenanzahl sein. Das Bewusstsein dafür, dass Lesen nicht der Entspannung und der Muße dienen soll, hilft schon dabei, den Geist zu fokussieren und schneller zu lesen. Um das Zeitmanagement beim Lesen anzuwenden, müssen Sie zuerst wissen, wie schnell Sie gegenwärtig lesen.

## Testen Sie sich selbst

Besorgen Sie sich eine Stoppuhr und drücken Sie sich einen unbekannten Text mit etwa 1500 Wörtern aus dem Internet aus. Das kann ein E-Book sein oder ein Aufsatz. Wenn Sie keinen Fließtext in der entsprechenden Länge im Internet finden, nehmen Sie stattdessen ein Fachbuch, das Sie noch nicht gelesen haben. Wichtig ist, dass der Text Ihnen neu sein muss und eine gewisse Anforderung an Sie stellen sollte. Lesen Sie fünf Minuten lang und zählen Sie die gelesenen Wörter. Teilen Sie die Summe durch fünf und erhalten Sie so die Anzahl der Wörter, die Sie pro Minute lesen. Durchschnittlich liest ein Mensch zwischen 200 und 300 Wörter pro Minute.

Wer schnell liest, schafft 1000 Wörter pro Minute und Rekordhalter liegen bei 3000 bis 4000 Wörtern pro Minute.

## Lesen bringt Vorteile, die sich potenzieren

Aktuell sind immer mehr Menschen ungeübte Leser. *Sie können Ihren Selbsttest übrigens jetzt an dieser Stelle starten und nach fünf Minuten zählen, wie viel Sie gelesen haben.* Die Massenmedien tragen erheblich dazu bei, dass komplexe Texte kaum noch gelesen werden müssen. Ungeübte Leser lesen im Durchschnitt nur etwa 100 Wörter. Nun könnte man einwenden, dass Lesen ja auch nicht für jeden Menschen wichtig ist. Doch das stimmt nicht. Betrachten Sie das folgende Beispiel: Ein Mensch liest pro Tag eine Stunde in einem Buch über Selbstcoaching. Er schafft pro Minute als ungeübter Leser 100 Wörter. Nach einer Stunde hat er etwa 6000 Wörter gelesen – 20 Seiten je nach Schriftgröße. Nach etwa 10 Tagen wird er das Buch ausgelesen haben und kann die ersten Veränderungen im Umgang mit sich selbst umsetzen. Ein Durchschnittsleser schafft in einer Stunde 15.000 Wörter bei 250 Wörtern pro Minute. Das sind etwa 50 Seiten (s.o.) und er hat das Buch in vier Tagen gelesen. Der Vorteil ist immens, denn der Durchschnittsleser ist dem ungeübten Leser voraus. Dieser Vorteil vergrößert sich immer weiter, da die Schlüsse, die aus dem gelesenen gezogen werden, immer schneller umgesetzt werden können. So kann der Durchschnittsleser Maßnahmen für sein Glück oder seinen Erfolg bereits ergreifen, wenn der ungeübte Leser noch gar nichts von seinen Möglichkeiten weiß.

## Setzen Sie sich Deadlines

Ein einfacher erster Trick, um die Lesegeschwindigkeit zu erhöhen, ist das Setzen eigener Deadlines. Legen Sie Ihre Lesegeschwindigkeit als Basis fest. Sie haben Sie ja bereits ermittelt. Dann schauen Sie beim Lesen auf die Uhr und nehmen Sie sich eine bestimmte Menge Lesestoff in einer festgelegten Zeit vor. Diese Zeit darf etwa zehn Prozent kleiner sein als Ihre eigene Durchschnittsleistung. Sie lernen dadurch, Texte zu überfliegen und sich nicht an Nebensächlichkeiten aufzuhalten. Für Sachtexte und Fachpublikationen gilt, dass sie zuerst überflogen werden. Stellen Sie sich vor, Sie quälen sich durch ein Fachbuch und merken am Ende, dass Sie die Inhalte nicht verwerten können.

**Ein Buch von der ersten bis zur letzten Seite zu lesen ist keine kluge Entscheidung, wenn das Lesen dem Zweck der Informationsaufnahme dienen soll.**

# Die drei Schritte beim Lesen von Sachtexten

Die Schritte beim Lesen von Sachtexten lauten: Überfliegen – analysieren – verwerten. Wer einen sachlichen Text liest, braucht ausschließlich Daten. Dabei geht es nicht nur um Zahlen, sondern auch um Schlussfolgerungen und ähnliches. Gefühle brauchen Sie allerdings nicht, wenn Sie sich die Funktionsweise des Hybridmotors aneignen wollen oder eine Masterarbeit über die sozialen Folgen des Mobbing schreiben müssen. Emotionen sind hier eher hinderlich, weil sie der objektiven Wahrnehmung der Sachzusammenhänge im Wege stehen.

## Überfliegen

Wenn Sie einen Text überfliegen, lassen Sie alles, was entweder zu sehr ins Detail geht oder zu sehr abschweift, außer acht. Versuchen Sie nicht, den ganzen Text zu verstehen. Das ist der Unterschied zum Lesen, wie wir es in der Schule gelernt haben. Kinder lernen „verstehendes Lesen". Das ist gut und richtig so, doch später lernen wir, das Wesentliche in Texten schnell aufzuspüren und gezielt nach den Informationen zu suchen, die wir brauchen. Überfliegen Sie den Text also, ganz gleich, wie lang er ist. Sie bekommen damit ein Gefühl dafür, was im Text steckt und ob sich ein gründliches Lesen lohnt. Dafür brauchen Sie Gelassenheit. Denn Sie werden merken, dass Sie nicht alles verstehen, während Sie den Text überfliegen oder querlesen. Lernen Sie damit umzugehen. Wenn Sie die Informationen nicht brauchen, brauchen Sie sie auch nicht zu verstehen.

**Analysieren**

Für den zweiten Schritt brauchen Sie einige Werkzeuge. Nehmen Sie den gleichen Text zur Hand und zusätzlich legen Sie einen Textmarker und einen Bleistift bereit. Jetzt durchforsten Sie den Text nach Stellen, die Ihnen als interessant ins Auge springen. Lesen Sie diese Stellen gründlicher als vorher und markern Sie alles an, was Sie für wichtig halten. Wahrscheinlich haben Sie etwa zehn Prozent des Textes angestrichen. Diese Textstellen verdienen Ihre Aufmerksamkeit. Sie können sich Notizen an den Rand machen und auch darauf achten, dass Sie diese Stellen wirklich erfassen und wiedergeben können.

**Verwerten**

Durch die intensive Beschäftigung mit der Textauswahl können Sie jetzt wahrscheinlich auch schriftlich oder verbal wiedergeben, was Sie gelesen haben. Sie haben noch nicht den ganzen Text verinnerlicht, aber sich dem Thema bereits genähert. Unter Umständen reicht das schon, zum Beispiel um für eine Hausarbeit Quellen nutzen zu können. Wenn es noch nicht reicht, können Sie jetzt den gesamten Text lesen. Ihr Gehirn ist auf das Thema vorbereitet und Sie werden viel schneller alles erfassen als wenn Sie sich unvorbereitet einem neuen Thema genähert hätten. Für das Lernen und das wissenschaftliche Arbeiten allerdings brauchen Sie häufig gar nicht alles zu lesen, was ein Autor schreibt, die selektive Wahrnehmung genügt da meist vollkommen.

Oft machen geübte Leser in dieser Phase der Verwertung einen weiteren und vielleicht sogar noch einen dritten Durchgang des Querlesens. Das bringt ein schnelleres und tieferes Verständnis, weil Sie durch das Überspringen von unwichtigen Passagen ihrem Kopf dabei helfen, den roten Faden zu behalten.

## Trainieren Sie Ihre Augen

In der Schule lernen Kinder, Wort für Wort zu lesen. Das ist wichtig, denn so lernen Sie gleichzeitig auch die richtige Aussprache und die korrekte Schreibweise. Würden Sie Wort für Wort lesen, wären Sie sehr langsam. Lernen Sie, Wörter in Gruppen zusammenzufassen. So springen Ihre Augen quasi über den Satz wie ein Kieselstein über die Wasseroberfläche. Wenn Sie jedes Wort einzelnen lesen, verlieren Sie den Überblick. Sie sinken in die Tiefe wie der Stein, dem das Tempo fehlt. Lesen Sie Wörter in Gruppen von drei bis fünf Wörtern. Damit wird der Fokus erweitert. Das Punktlesen, wie das Wort-für-Wort-Lesen auch bezeichnet wird, ist erstens langsamer und zweitens auch gar nicht so gut geeignet, Zusammenhänge zu erfassen. Dabei sind die Wortgruppen meist sinnvoll zusammengestellt und lassen sich ebenso schnell erfassen wie einzelne Wörter. Dieses Lesen in Wortgruppen kommt dem verstehenden Lesen deutlich mehr entgegen als das Lesen eines Wortes nach dem anderen. Schließlich lesen wir Texte aus Sätzen, wir wollen keine Wortansammlungen lesen. Gewöhnen Sie Ihren Augen ab, rückwärts zu blicken, während Sie lesen. Über diese Rückschaumuster wird sehr viel Zeit verloren. Außerdem widerspricht es der Technik des Überfliegens. Vergessen Sie nicht, dass Sie Ihr Gehirn vom Erfassen ablenken, wenn Sie Ihren Augen erlauben, ins Detail zu lesen. Üben Sie, Ihre Augen nur noch vorwärts und in

Gruppen lesen zu lassen. Wenn es Ihnen schwer fällt, ärgern Sie sich nicht. Speedreading ist eine Technik, die trainiert werden muss.

## Lesen Sie sich fit

Langsames Lesen lässt das Gehirn ermüden. Das hat eine ganz einfache Ursache. Wort für Wort einen Satz und Satz für Satz ein Buch zu lesen ist für das Gehirn eine sehr anspruchslose Aufgabe. Unser Gehirn denkt in Bildern. Wenn wir überfliegen, erfassen und selektieren, erhalten wir viel schneller die Informationen, die das Gehirn braucht, um sich eine Vorstellung zu machen. Wenn Sie sich vor Augen halten, was wir bisher über das Speedreading gelesen haben, dann wird Ihnen deutlich werden, dass wir

1. mit einer Deadline arbeiten.
2. den Text überfliegen
3. durch das Lesen von Gruppen an jedes Satzende eilen
4. den Augen keine Richtungsänderung erlauben.

Diese vier Aspekte führen dazu, dass wir ein wenig unter Druck geraten. Aber nur ein wenig, so viel, dass Langeweile keine Chance bekommt. Viele Menschen werden vom Lesen müde. Das liegt dran, dass Sie sich nicht fordern. Die Effekte des Speedreading sind also nicht nur darin zu sehen, dass das Lesen schneller erfolgt. Auch das Gehirn hat mehr davon, wenn es gefordert wird. Es bilden sich neue Verknüpfungen, die dafür sorgen, dass die Lesegeschwindigkeit und die Auffassungsgabe immer weiter wachsen. Durch das Überfliegen eines Textes wird das Gehirn quasi vorbereitet, die Informationen fallen auf einen fruchtbaren Boden, wo sie sich in zweiten Schritt schnell entfalten können. Viele nutzen in den ersten Trainingsstunden eine Lesehilfe. Besorgen Sie sich einen Streifen schwarzen Karton. Der Streifen sollte etwa drei Zentimeter hoch sein und in der Breite der Seite eines Buches entsprechen. Nutzen Sie diesen Streifen, um Zeile für Zeile vorzugeben, was und wohin Ihre Augen sehen sollen. So erreichen Sie eine höhere Konzentration. Diese Technik ist allerdings nur für den Anfang geeignet. Später lernen Sie, mit Ihren Augen ganze Seiten zu erfassen. Das geht aber nur, wenn Sie bereits in der Lage sind, die Blickrichtung auch vorzugeben und sich zu konzentrieren.

## Ohne Konzentration geht gar nichts

Speedreading nützt gar nichts, wenn Sie damit Defizite in der Konzentration oder Wahrnehmung ausgleichen wollen. Sehr oft versuchen Menschen mit Konzentrationsstörungen, die verlorene Zeit durch schnelleres Lesen wieder aufzuholen. Das funktioniert nicht, denn auch das schnellere Lesen braucht die Konzentration. Deshalb sollten Sie wissen, wie gut Ihre Konzentrationsfähigkeit ausgebildet ist. In jedem Fall sollten Sie Ihre Konzentration stärken und etwas für die Leistungsfähigkeit des Gehirns unternehmen. In dieser Hinsicht ist eine Steigerung bei jedem Menschen möglich, wir nutzen nicht einmal zehn Prozent der Potentiale, die unser Gehirn zur Verfügung stellt. Nutzen Sie die folgenden Hinweise, um die notwendigen Bedingungen zu schaffen, die ein Gehirn zum Arbeiten braucht:

- Ausreichend gesunder Schlaf, regelmäßig
- Gesunde Nahrungsmittel mit den entsprechenden Nährwerten, auf gesunde Fette achten
- Ausreichend Sauerstoff, Frischluft
- Regelmäßige Bewegung zur Versorgung des Gehirns

- Entspannungstechniken gegen Verkrampfungen und Ängste

Wenn Sie sich mit diesem Thema näher befassen wollen, sollten Sie sich die modernen Erkenntnisse über das Brain Food anschauen. Niemand kann davon ausgehen, dass ein untrainiertes Gehirn in der Lage ist, Spitzenleistungen zu erbringen. **Speedreading ist auch nicht die Rettung in letzter Minute**. Sie müssen täglich mindestens 20 Minuten üben, um nach etwa drei Monaten nennenswerte Erfolge zu erzielen. Aber es lohnt sich. Selbst, wenn Sie Ihre gegenwärtige Aufgabe nicht mehr mit den Vorzügen des schnellen Lesens bewältigen können, bleibt Ihnen die Fähigkeit für alle zukünftigen Herausforderungen erhalten. Allerdings müssen Sie im Training bleiben.

# Lesen im Flow

Der ungarische Forscher Csikszentmihalyi hat sich intensiv mit dem sogenannten Flow-Effekt befasst. Das ist ein Zustand, in dem die gestellten Herausforderungen sowohl hervorragend bewältigt werden als auch ein Glücksgefühl im Gehirn entsteht. Negative Emotionen wie Langeweile, Überforderung, Anstrengung bleiben im Flow aus. Der Betreffende ist schnell und höchst effektiv. Lesen im Flow wäre die beste Lösung für die Aufnahme von Informationen. Die folgenden Grundbedingungen, übertragen auf das Speedreading, wurden für das Flow-Erleben aufgestellt:

1. Es besteht eine umfassende Kenntnis über die Aufgabe und deren Anforderungen. Das bedeutet hinsichtlich des Speedreading, dass Ihnen klar ist, wie Sie die Technik anwenden. Sie haben Speedreading so lange trainiert, dass Ihnen das Querlesen, das Wortgruppen lesen und das Markieren der wichtigen Stellen als vollkommen selbstverständlich vorkommen.

2. Sie fühlen sich Ihren Fähigkeiten entsprechend gefordert und empfinden keine Angst, der Aufgabe nicht gewachsen zu sein.

3. Alle einzelnen Schritte des Speedreading gehen fließend in einander über. Sie müssen nicht mehr

in diesem Buch nachlesen, was als nächstes zu tun ist.

4. Ihre Konzentration geschieht wie von selbst. Sie müssen nicht bewusst daran arbeiten, konzentriert zu lesen. Alle Gedanken, die nicht zu Ihrer Handlung gehören, werden ausgeblendet, ohne dass es Ihnen Mühe bereitet.

5. Sie vergessen die Zeit. Das ist erst möglich, wenn Sie Ihre Lesegeschwindigkeit effektiv und dauerhaft gesteigert haben. Beim Lesen im Flow müssen Sie sich einen Wecker stellen.

6. Es findet eine Verschmelzung zwischen Ihnen und Ihrer Handlung, dem Speedreading statt.

7. Es gibt weder Ängste noch Langeweile. Streng genommen wird im Flow nichts gefühlt, der Handelnde wird Eins mit dem, was er tut.

Aus diesen Überlegungen können wir eine wichtige Erkenntnis ableiten:

Wenn Sie Speedreading effektiv betreiben wollen, achten Sie darauf, ob Sie sich über- oder unterfordert fühlen. Fühlen Sie sich nicht eine exakte Parallele zwischen Anforderungen und Kompetenzen, verändern Sie die Anforderungen. Die Aussage: „Das mach ich mit links" ist kontraproduktiv und vermindert sowohl die Konzentration als auch das Erfolgsgefühl.

## Bauen Sie sich ein Wissensnetz auf

Oben haben Sie bereits gelesen, dass Speedreading eine Technik ist, die regelmäßig trainiert werden muss, um erhalten zu bleiben. Speedreading setzt voraus, dass das Thema im Gehirn bereits vorhanden ist. Sie wissen, dass unser Gehirn ein riesengroßes Netzwerk ist, das im Laufe eines Lebens durch immer mehr Informationen wächst. Je größer und dichter ein Netzwerk ist, umso besser können Informationen hinzugefügt werden. Sie können diesen Vorgang mit Erkenntnissen aus dem Sport vergleichen. Jemand, der zum ersten Mal Muskelaufbau trainiert, braucht verhältnismäßig lange für die ersten Erfolge. Wenn er dann eine lange Pause beim Training einlegt. Bauen sich die Muskeln aber auch wieder ab. Stellen Sie sich vor, er wiederholt sein anfängliches Ausbauprogramm nach einer Pause, die zehn Jahre lang gedauert hat. Gleichzeitig trainiert ein Anfänger, der zum ersten Mal mit diesem Thema befasst ist. Der Sportler mit der Vorerfahrung wird einen schnelleren Muskelaufbau erreichen. Sein Körper erinnert sich. So ist es auch mit dem Gehirn. Wenn Sie eine Fremdsprache im hohen Alter lernen wollen, die Sie bereits in der Schule als Schulfach hatten, werden Sie schneller sein als jemand, der sich zum ersten Mal mit der neuen Sprache konfrontiert. Um Informationen schnell und effizient aufnehmen und verarbeiten zu können, sollten Sie also viele verschiedene kleine Netze im Kopf haben. Dazu eignet sich besonders gut das Üben mit

Zeitschriftenartikeln. Nehmen Sie anspruchsvolle Zeitschriften oder Wochenzeitungen und üben Sie täglich an einem Artikel, der vielleicht thematisch gar nicht zu Ihnen passt. Sie werden einerseits schneller und andererseits erweitern Sie das Netz in Ihrem Gehirn.

## Teil II – Praktische Übungen

Um Speedreading zu erlernen, reicht es nicht aus, wenn Sie die Theorien gelesen haben. Es reicht auch nicht, dass Sie über die Theorien einen Vortrag halten könnten. Sie müssen sich in das Speedreading – Training begeben. Dafür brauchen Sie Zeit und den festen Willen, Ihre Lesegeschwindigkeit zu erhöhen. In den folgenden Kapiteln erleben Sie ein Trainingsprogramm. Wenn Sie es nicht vollständig durchlaufen, werden sich nicht die optimalen Ergebnisse einstellen. Allerdings ist das kein Beinbruch, Sie können jederzeit wieder einen Neustart machen. Dann allerdings beginnen Sie wieder beim ersten Schritt. Ihr Gehirn wird sich daran erinnern (s.o.) und Sie werden die Wiederholungen schnell hinter sich bringen, bevor Sie bei neuen Aufgaben weitermachen können. Für diese Übungen brauchen Sie Lesestoff. Einen Teil des Stoffs erhalten Sie hier zur Verfügung gestellt.

## Lesen unter Druck

Lesen Sie den folgenden Text und stoppen Sie die Zeit. Sie sollen den Text in einer Minute zu lesen schaffen. Wenn die Zeit um ist, bevor Sie am Ende angekommen sind, markieren Sie die Stelle, die Sie erreicht haben und zählen Sie die Wörter.

## Probetext 1

Kinder unter drei Jahren sind noch sehr an die Mutter gebunden. Der Bezug zum Vater ist manchmal noch gar nicht gefestigt. Aber gerade Kleinkinder nehmen alle seelischen Prozesse wahr, die die Mutter erlebt. Es reagiert sehr empathisch. Wenn die Mutter also ständig traurig, zornig oder verzweifelt ist, wird das Kind das merken. Sicher sollten Eltern ehrlich mit ihren Kindern umgehen. Gefühle zu verdrängen oder zu unterdrücken ist keine gute Lösung. Aber Ehrlichkeit bedeutet auch, sich mit seinem eigenen erwachsenen Schmerz vom Kind abzugrenzen. Eltern und Kinder leben in verschiedenen Erlebenswelten. Vieles aus der Welt der Erwachsenen ist für das Kind nicht begreifbar. Das Kind wird überfordert. Erklären Sie dem Kind, dass die Trennung vom Vater eine Trennung von einem Partner ist, wie sie nur Erwachsene kennen und erleben. Wenn das Kind noch zu klein ist, um das zu verstehen, dann üben Sie sich in Selbstdisziplin. Durchlaufen Sie Ihre Trauerreaktionskette gezielt. Mütter und Väter von Kindern unter drei Jahren sollten sich unbedingt therapeutische Begleitung suchen, die eine Entlastung darstellt und genau auf das Thema Elternschaft trotz Trennung eingehen kann. Freunde, Kumpels und Verwandte sind in solchen Fällen selten gute Ratgeber. Das werden Sie im Kapitel 12 dieses Buches lesen können. Spielen Sie mit offenen Karten, nur so können Unsicherheiten für das Kind vermieden werden. Mit einer geplanten Hochzeit gehen viele gern und voller Freude nach außen. Sie wollen anderen von ihrem Glück berichten. Sogar Zeitungsanzeigen werden geschaltet. Mit Scheidungen ist das leider anders.

Wir sind im Training, deshalb ist Schonung jetzt noch nicht anzeigt. Sie erhalten nun einen zweiten Text. Auch den sollen Sie in einer Minute lesen. Markieren Sie die Stelle, der Sie angekommen sind, wenn die Minute vorbei ist.

**Probetext 2**

**Bienenschutz ist Menschenschutz**

Warum Bienen eine so große Bedeutung für den Menschen haben

Martin Luther hat es gesagt: „Erst sterben die Bienen, dann stirbt der Mensch". Wir können von Luther halten, was wir wollen, doch damit hatte der Reformator uneingeschränkt Recht. Bienen sind die wichtigsten Bestäuberinsekten für nahezu alle Pflanzen, die unsere tägliche Ernährung sichern. Ohne Bienen kann keine ausreichende Vermehrung im Pflanzenreich stattfinden. Wenn zu wenige Bienen unterwegs sind, führt das zu einer Nahrungsmittelknappheit. Und nicht nur Obst, Gemüse und Getreide werden knapp und damit auch teurer, sondern auch das Tierfutter ist schwerer zu beschaffen. In den vergangenen Jahren hatte die Imkerei Einbrüche zu verzeichnen.

In Sachsen-Anhalt gab es 1990 noch weit über 2000 organisierte Imker mit etwa 38.000 Bienenvölkern. 2014 waren es nur noch 1300 Imker im Imkerverband Sachsen-Anhalt e.V. organisiert. Die Zahl der Bienenvölker betrug nur noch etwa 12.000. Das Durchschnittsalter eines Imkers liegt in unserem Land bei über 60 Jahren. Auch hier fehlt der Nachwuchs und obwohl die Tendenz pro Imkerei wieder steigen ist, brauchen wir mehr Bienenvölker und mehr kompetente und verantwortungsbewusste Imker. Auch die Bevölkerung kann einiges tun, um das Sterben der Bienen zu verhindern. Bienen werden in erster Linie durch Pestizide und andere Umweltgifte gefährdet, die nicht nur in der Landwirtschaft sondern leider auch in Kleingärten und Parks zunehmend zum Einsatz kommen. Außerdem ist die Auswahl der Bepflanzung entscheidend für das Überleben der Bienen. Die Monokultur, die inzwischen sogar schon in Vorgärten Einzug hält, bietet den Bienen zu wenig Nahrung.

Ein Umdenken in allen Teilen der Bevölkerung ist von großer Bedeutung. Dazu zählen der Verzicht auf chemische Dünger und Pflanzenschutzmittel, wo immer es möglich ist. Selbst eine kurzfristige Steigerung des Ertrages bringt nichts, wenn in den folgenden Jahren die bestäubenden Bienen nicht mehr da sind. Auch die Bepflanzung sollte so gestaltet sein, dass die Bienenvölker Nahrung finden. Kompetente Gärtner und Landwirte können den Gartenbesitzer beraten. Auch der Imkerverband stellt Informationen zur Verfügung. Und schließlich gilt es, das Bewusstsein für die Bedeutung der Bienen schon von Kindesbeinen an zu entwickeln. Hier setzen einzelne Imker gute Impulse. So gab es in Aschersleben Informationen über Bienen auf der LAGA und sogar für Grundschüler auf dem Schulhof. In Zoos und Tierparks gibt es Bienenwagen, die die Bevölkerung über Bedeutung, Leben und Arbeiten der Bienen informieren. Und schließlich spielt, wie so oft, auch das Kaufverhalten der Verbraucher eine große Rolle. Nur, wenn der heimische Honig auch gekauft wird, können neben den Bienen die Imker ihre Arbeit finanzieren.

Wie weit sind Sie gekommen? Haben Sie Ihr Tempo erhöhen können? Machen Sie jetzt eine Pause und besorgen Sie sich drei Bücher aus Themenbereichen, denen Sie bisher noch nicht begegnet sind. Es sollten Themen sein, die Ihnen wirklich vollkommen unbekannt sind. Dadurch erhalten Sie sehr gutes Trainingsmaterial.

Experten empfehlen, dass pro Tag zwei bis dreimal geübt werden sollte. Deshalb bekommen Sie jetzt einen dritten Probetext zur Übung. Beachten Sie die folgenden Regeln:

- Überfliegen Sie den Text
- Blicken Sie mit Ihren Augen nicht zurück
- Erfassen Sie Wortgruppen

**Probetext 3**

**„Marieluise Fleißer und die „Neue Sachlichkeit"**

Schreiben bedeutet auch lesen. So wie in Kommunikation nicht nur Sprechen sondern auch Hören von Bedeutung ist, braucht der Schreiber Input, die er verarbeiten kann. Zu Studienzeiten lernte ich, dass das Verhältnis in etwa acht zu zwei sein soll. Dabei sind acht Einheiten Input und nur zwei Einheiten Output vorgesehen.

Ein großes Ziel, wenn wir bedenken, wie viel Output von modernen Autoren gefordert wird, damit Sie das tägliche Brot verdienen.

Aber die alte Formel hat große Vorteile. Denn wenn die Schreibenden Zeit haben, Input aufzunehmen, werden die Inhalte einfach besser. Es bleibt dann nicht nur beim deskriptiven Verfassen von Texten sondern es kommt zum vergleichenden, analysierenden, vielleicht sogar normativen Schreiben. Ohne ausreichend Input dreht sich der Autor irgendwann nur noch um sich selbst und um die Vorgaben seiner Auftraggeber. Dabei können auch die Leser die Auftraggeber sein, sie bestellen, was sie lesen wollen.

In letzter Konsequenz geht das Kulturgut Sprache damit unter. Denn ein Austausch findet nicht mehr statt, wenn der Schreiber keine Angebote mehr machen kann, die er selbst entwickelt hat.

Aus diesem Grund sollten sich Autoren die Zeit nicht nehmen lassen, zu lesen, zu erforschen und zu ergründen. Und zwar nicht die Lesermeinung und die Textbriefings sondern die Welt.

Heute hätte Marieluise Fleißer Geburtstag. Sie wurde am 23. November 1901 in Ingolstadt geboren und verstarb 1974 in Ihrer Geburtsstadt. Ihr Werk kann als Input für den heutigen Tag dienen, denn sie gilt bis heute als eine der bedeutendsten Schriftstellerinnen des vorigen Jahrhunderts.

1996 wurde eine Stiftung ihr zu Ehren in Ingolstadt gegründet. Auch ein Literaturpreis geht auf ihr Leben und Wirken zurück. Er ist mit 10.000 Euro Preisgeld verbunden.

Fleißers Leben begann als Tochter eines Schmieds in einfachen Verhältnissen. Umso erstaunlicher ist die Tatsache, dass sie bereits mit 20 Jahren Theaterwissenschaften studieren konnte. Sie lernte Brecht und Feuchtwanger kennen und verfasste zahlreiche Theaterstücke.

In der Zeit des Nationalsozialismus wurden ihre Schriften zeitweise verboten.

Fleißer scheint für mich nicht deshalb erwähnenswert, weil sie ein umfassendes Werk hinterlassen hat. Viel wichtiger ist die Tatsache, dass Sie als Vertreterin der „Neuen Sachlichkeit" auch eine aktuelle Botschaft hat. Diese literarische Stilrichtung erlebte ihre Hoch-Zeit in der Weimarer Republik. Es ging weg von Pathos und Idealisierung hin zum rein sachlichen Sprachstil, der tabulos und nüchtern über die Realität. Nicht viele Worte galten als Mittel sondern ein klarer und kritischer Blick. Ein wenig erinnert die „Neue Sachlichkeit" an die Bemühungen der Aufklärung. „Die Befreiung des Menschen aus seiner selbst verschuldeten Unmündigkeit", wenn Unmündigkeit begriffen wird als eine selbst gewählte Selbsttäuschung. Fleißers Ansatz zu Wahrheit ist wieder so aktuell wie damals. Und das Ziel der Vertreter der „Neuen Sachlichkeit", nämlich die Begeisterung der Bevölkerung für Demokratie ist auch für Autoren unserer Gegenwart ein lohnenswertes Ziel."

Wie weit sind Sie in einer Minute gekommen? Haben Sie bereits Fortschritte gemacht. Dieser zeitliche Druck ist notwendig, damit Ihr Gehirn sich zu konzentrieren bereit ist.

**Üben Sie ab heute täglich mit drei fremden Texten**. Sie finden die Texte einfach im Internet. Üben Sie so lange intensiv, bis sich Ihre anfängliche Wortzahl pro Minute verdoppelt hat. Nehmen Sie immer Texte, deren Themen Ihnen fremd sind.

# Lesetechniken im Vergleich

Ihre kleine tägliche Übung aus dem vorherigen Kapitel kostet Sie höchstens zehn Minuten zeit pro Tag. Mit zehn Minuten Einsatz pro Tag haben Sie noch keine großen Chancen auf einen Erfolg. Das wäre beim Muskelaufbau oder der Vorbereitung für einen Marathon nicht anders. Sie erfahren jetzt eine weitere Übung, die Sie täglich, allerdings zu einer anderen Tageszeit, durchführen können. Wenn die obige Übung Ihr Frühsport ist, dann ist die folgende Ihr mittäglicher Verdauungsspaziergang.

Sie erhalten nun zwei Probetexte. Lesen Sie den ersten Probetext zweimal quer. **Stoppen Sie die Zeit.** Schreiben Sie sich am Ende in Stichpunkten auf, was Sie vom Inhalt des Textes behalten und verstanden haben.

Danach lesen Sie den zweiten Probetext einmal gründlich. **Stoppen Sie die Zeit**. Danach schreiben Sie ebenfalls in Stickpunkten auf, was Sie vom Text behalten und verstanden haben.

### Probetext 1

### Hermetik in der Antike

Hermetik war in der Antike eine religiöse Offenbarungslehre, die lange Zeit geheim gehalten wurde. Die Hermetik ist die Grundlage der Alchemie und beeinflusste die Naturwissenschaften des Abendlandes bis in das 17. Jahrhundert hinein. Im Großen Werk oder Opus Magnum, wie es im Original bezeichnet wird, macht jeder Stoff und jeder Mensch eine Wandlung durch, die aus vier Stufen besteht. Zuerst haben wir den Zustand der Schwärzung, dann folgt die Weißung, die schließlich in die Gelbung übergeht und zum Schluss über die Rötung zur Vollendung führt. Für die letzte Phase, die Rötung, ist der Stein der Weisen von großer Bedeutung. In China sprach man davon, Zinnober sei der Stoff, durch den die Rötung erfolgen könne. Wie können die einzelnen Phasen auf die menschliche Wandlung übertragen werden? Die Schwärzung ist noch in der Alltagssprache erhalten: Wir empfinden Dunkel im Hinblick auf unsere Finanzen, unser Liebesleben oder unsere Perspektiven. Bis heute hat sich der Spruch: „Ich sehe schwarz" in unserem Sprachgebrauch erhalten. Es ist wichtig, realistisch auf deine eigene Situation zu schauen, bevor du beginnst, deine Wandlung zu beginnen. Die folgenden Übungen beschreiben in Form von passiven und aktiven Meditationen die vier Phasen der Transformation.

In der Schwarzen Phase sollen die Teilnehmer ihre eigenen dunklen Seiten sehen. Es gilt, die dunklen Seiten anzunehmen, wenn wir sie überwinden wollen. Betrachte zuerst eine einzelne dunkle Seite an dir. Nehmen wir als Beispiel einen jungen Mann, der es für vollkommen inakzeptabel hält, dass er Verabredungen mit seiner Freundin vergisst. Er reagiert ärgerlich, wenn sie ihn erinnert, dass eine gemeinsame Unternehmung von ihm nicht eingehalten wurde und möchte meistens nicht darüber reden. Er hält sie für eine Nörglerin, die mit nichts zufrieden ist und denkt sogar über einen Abbruch der Beziehung nach. Gleichzeitig schämt er sich für sein Verhalten und wird häufig von Schuldgefühlen gequält. Der junge Mann geht davon aus, seine Freundin zu lieben, warum er ihr gegenüber so nachlässig ist, weiß er nicht. So entkommt er dem Kreislauf aus Fehler, Scham, Aggression nicht. Außerdem geht er mit anderen Männern, die ihre Frauen nicht gut behandeln oder sich als unzuverlässig erweisen, hart ins Gericht, kritisiert sie und betont, wie schlecht diese Männer seien. Durch diesen Umgang mit seiner Schwäche verneint der junge Mann einen Teil an sich selbst. Er trennt einen Anteil seiner Persönlichkeit ab und verliert damit die Verbundenheit zu einem Teil seiner eigenen Seele. Verdrängung und Abspaltungen sind Verstümmelungen, denen moderne Menschen sich freiwillig Tag für Tag unterziehen. Für ihn ist es wichtig, sich das Schwarze in seinem Verhalten und damit auch seinem Unbewussten anzuschauen, sonst wird er es nicht beenden können. Wir können schließlich keinen Dreck wegputzen, über den wir einen Teppich gelegt haben. Der erste Schritt ist, durch die Schwärze hindurchzugehen und deine vermeintlichen Fehler oder Schwächen in voller Größe zu sehen. Das ist ein problematischer Prozess, weil er uns in Angst versetzen kann und vielleicht auch das Gefühl von Wertlosigkeit oder Schlechtigkeit auslösen kann. Aber dieser Weg ist allemal besser als durch verdrängte

Gefühle in Depressionen oder andere psychische Störungen und Krankheitsbilder zu geraten.

Sobald das zweite Querlesen beendet ist, werden die Stichpunkte aufgeschrieben, die im Gedächtnis geblieben sind.

**Probetext 2**
**Der Anfang der religiösen Riten**

Religiöse Riten gibt es seit Anbeginn der Menschheit. Die ältesten Überlieferungen führen uns nach Ägypten, dem Land, in dem die Herrscher (Pharaonen) im Glauben des Volkes schon als magische Wesen geboren wurden.

Hier ist eine große Macht des Wortes überliefert. Wer sich rituell betätigen wollte, rezitierte einen Zauberspruch und musste den Text dann in einem Kelch mit Wasser einweichen. Anschließend trank er den Kelch leer und erst dann konnte seine Magie wirken. Magische Rituale dienten im alten Ägypten dazu, zu bekämpfen, was die natürliche Ordnung des Lebens störte und nur echte Magier waren dazu in der Lage. Der berühmteste ägyptische Zauberer war Imhotep (ca. 2600 v.Chr.)

Man ging davon aus, dass Götter und Zauberer (die meist in einer Person vereint waren) aus den vier Elementen Feuer, Wasser, Erde und Luft bestanden. So konnten sie auch das Gleichgewicht wieder herstellen, wenn es durcheinander geraten war. Zauberer des Altertums wurden übrigens mächtiger, wenn sie ins Totenreich hinabstiegen und dort von einem magischen Wasser tranken. Die Legende vom Jungbrunnen hat sich bis heute bewahrt und wer ihn finden will, muss in die tiefsten Tiefen hinabsteigen und – wie es Inhalt aller Religionen ist, den Tod überwinden. Es ging also immer schon um Unabhängigkeit und Angstfreiheit.

Die erste Hexe, die als rothaarig überliefert ist, ist Circe, die Tochter des Sonnengottes Helios. Sie soll wundervolle, verführerische rote Haare gehabt haben, die sie zu Zöpfen flocht, um die Energien zu binden oder zu lösen. Circe ist auch der Ursprung für das Wort „bezirzen" und wahrscheinlich dafür verantwortlich, dass man im Mittelalter rothaarigen Frauen besondere Verführungskünste unterstellte. Wer auf die Insel der Circe kam, durfte damit rechnen, in ein Tier verwandelt zu werden – das ist als Bild für die tierischen sexuellen Lüste zu verstehen.

Sehr früh schon nahmen Zauberer bzw. Magier die Gestalt von Tieren an. Daran erinnern noch heute die Arbeit der Schamanen und auch die Arbeit mit Krafttieren.

„Die Schöne und das Biest" oder „Brüderchen und Schwesterchen" geben Hinweise auf diese alte Überlieferung. Immer wurde eine solche Verzauberung durch die Kraft der Liebe gebrochen und der Verzauberte wurde erlöst wie im Froschkönig. Bald schon setzten sich die uns bekannten Druiden und die Hexen,

Kräuterfrauen, Wehfrauen etc. durch. Der Bezug zur Natur wurde stark hervorgehoben, denn alles war von der Natur und ihren Früchten abhängig. Druide heißt übrigens Eiche. Hier entstehen auch die ersten Steinkreise, die wahrscheinlich nichts mit Steinen zu tun haben sondern damit, dass die, die Rituale feierten, dabei ein besonderes Gewand trugen und einen Kreis bildeten. Der magische Steinkreis war also nichts anderes als eine stilisierte Darstellung von Schmucklos gewandeten Menschen im Kreis. Ob Stonehenge einen Steinkreis darstellen soll, ist nicht geklärt, wichtig ist nur zu wissen, dass es nicht um Steine ging sondern um die Teilnehmer am Ritual. Hermes Trismegistos hat sicher den größten Einfluss hinterlassen. Die Hermetik und die universellen Gesetze sollen auf diese Sagengestalt zurückgehen. Die Hermetik ist eine unverzichtbare Basis für die heutige spirituelle Arbeit jeglicher Art. Auf der Basis der Hermetik bewegte sich auch die Kunst, Blei zu Gold zu wandeln. Hier geht es allerdings um inneres Gold. Der folgende Auszug aus einem Buch verdeutlicht die Lehre der Hermetik in der Alchemie verdeutlichen.

Forscher haben festgestellt, dass zweifaches Querlesen schneller geht als einmaliges gründliches Lesen. Der Grad des Verstehens sollte in etwa gleich bleiben. Daraus folgt, dass ein zweimaliges Querlesen effektiver ist als einmaliges gründliches Lesen.

Ist es Ihnen ebenso ergangen? Ich hoffe sehr, dass die beiden Probetexte, Inhalte wiedergaben, mit denen Sie sich bisher noch nicht befasst haben. Wenn das nicht der

Fall ist, führen Sie den Test mit Texten durch, die Sie sich selbst gesucht haben. Ihr tägliches Üben wird nun dadurch erweitert, dass Sie einen Text pro Tag durch zweifaches Querlesen verarbeiten können. Lassen Sie dabei die Texte immer länger werden, obwohl die Zeitspanne gleich bleibt.

## Lesen mit einer vorgegebenen Richtung

Der folgende Text soll von Ihnen in einer Zickzacklinie gelesen werden. Probieren Sie es aus, es ist die schnellste Art des Überfliegens. Sie können auch andere Muster wählen, z.B. ein S welches dann etwas weicher für das überfliegen ist, oder eine Scheife, welche von rechts beginnt und dann rhythmisch nach links und zurück geht. Experimentieren Sie aber nicht immer wieder mit neuen Mustern. Dadurch verhindern Sie, dass Sie sich eine Leserichtung antrainieren, die am Ende dem schnellen Lesen dient.

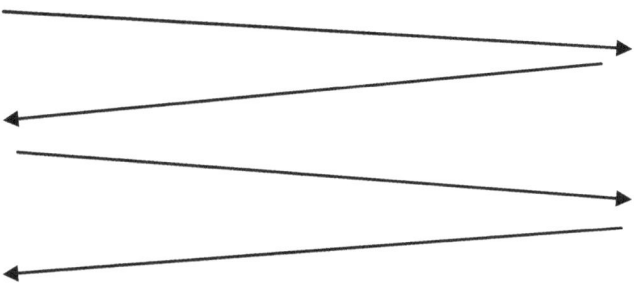

## Krellsche Schmiede Anno 1678 – Tradition und Rarität

In Wernigerode, zentral in der Innenstadt, liegt die Krellsche Schmiede. Seit 1678 beherbergt das Gebäude, mit wenigen Ausnahmejahren, die traditionelle Schmiedekunst. Das Unternehmen zeigt sich gastfreundlich mit einer Ausstellung und Kursen rund über Schmiedekunst. Nach dem 30-jährigen Krieg von einem Flüchtling namens Michel Krell gegründet, wird das Handwerk inzwischen von Schmiedemeister Hans-Dieter Wittig geführt. Der Schmied sieht mehr als nur ein Handwerk in seiner Arbeit. Schließlich ist ihm wohl bewusst, dass er einer der der letzten neun Ausbildungsbetriebe in Sachsen, Sachsen-Anhalt und Thüringen ist. Es steht nicht gut um das Handwerk. Handarbeit ist immer seltener gefragt und viele Arbeiten, die Waren von der Stange liefern, werden nicht selten von ungelernten Kräften in Fabriken erledigt. Für Meister Wittig ist wichtig, dass das Handwerk erhalten bleibt. Er bezeichnet es als die Wurzel der Stahlindustrie. Stahlwerke aber auch KFZ-Betriebe haben im Schmiedehandwerk ihre Wurzel. Den Schmied, der sich um Wagen und Pferd kümmerte, nennt er den KFZ-Mechaniker des Mittelalters.

Ein Stück Geschichte im Harz

Die Krellsche Schmiede ist die älteste Schmiede in Deutschland, die sich noch mit traditioneller Schmiedekunst befasst. Seit 2008 können Besucher die Schmiede besichtigen. Die Krellsche Schmiede ist uneingeschränkt als Handwerksbetrieb tätig, es werden Schmiedeaufträge entgegengenommen und individuelle Vorstellungen der Kunden berücksichtigt. Das ist inzwischen eine Seltenheit.

Als Wolf-Dieter Wittig von der Stadt Wernigerode als Pächter für das historische Gebäude ausgewählt wurde, hatte der bereits aus vorherigen Tätigkeiten einen großen Fundus historischer und traditioneller Schmiedewerkzeuge. So kann der Handwerksmeister seiner Devise treu bleiben: „Wir produzieren nicht "von der Stange" sondern setzen seit Generationen ganz auf die alte Schmiedetradition."

Der Auftrag der Geschichte an die Gegenwart

Für den leidenschaftlichen Handwerksmeister ist wichtig, die Kompetenzen zu erhalten, die mit dem Handwerk verbunden sind. Wenn das Handwerk ausstirbt, geht Wissen verloren. Das versucht er zu verhindern, wo immer es ihm möglich ist. Deshalb können die Besucher nicht nur den traditionellen Schmiedeofen und die klassischen Werkzeuge bestaunen. Es gibt eine

umfangreiche Ausstellung. Der Meister selbst führt regelmäßig Gäste durch die Räume und legt Geschichte und Gegenwart der Schmiedekunst anschaulich dar.

Wer sich für ein Stück begeistert, kann es gleich kaufen oder eine Arbeit nach seinen eigenen Vorstellungen in Auftrag geben. Zum umfangreichen Angebot der Krellschen Schmiede gehören neben Leuchten, Toren und Türbeschlägen auch Obelisken, Pavillons, Feuerkörbe und Möbel. Die Möglichkeiten, Gartendekorationen und Weinregale schmieden zu lassen, sind nahezu unerschöpflich.

## Erweitern Sie Ihren Wortschatz

Ohne einen großen Wortschatz lesen wir langsam. Das liegt daran, dass unser Auge sich an einzelne Wörter auch dann erinnert, wenn wir nur noch Fragmente sehen. Dieses Erinnern lässt uns die Wörter schneller erfassen. Das gelingt aber nur, wenn das Wort bekannt ist. Denken Sie an ein Puzzlespiel. Wenn Ihnen das Motiv bekannt ist, brauchen Sie nur einige wenige Teile, um an den wenigen Details zu erkennen, um welches Motiv es sich handelt. Mit Wörtern ist das nicht anders. Sie kennen vielleicht die Übung mit den veränderten Begriffen, die dennoch erfasst werden können? Lesen Sie den folgenden Text:

D67r W67lttag d67r Po67si67 wurd67 d67r 21. März 2000 67rstmalig ausg67ruf67n. Di67 V67r67int67n Nation67n und di67 UN67SCO hab67n di67 Schirmh67rrschaft üb67r für di67s67n Tag. 67r soll daran 67rinn67rn, wi67 wichtig das Kulturgut Sprach67 in d67r W67lt ist. Auß67rd67m st67h67n mündlich67 Tradition67n und kultur67ll67r Austausch für di67s67n Tag auf d67m Plan.

Lyrik und Po67si67 nicht nur für V67rli67bt67

Mit Lyrik drück67n M67nsch67n ihr67 G67fühl67 und Üb67rz67ugung67n aus. Das ist oft in 160 z67ich67n nicht möglich. 67in67 ti67f67 Traurigk67it od67r

Schm67tt67rling67 im Bauch sind so umfass67nd, dass Tw6767ts und Short M67ssag67s si67 nicht darst67ll67n könn67n. Di67 Po67si67 di67nt dazu, G67fühl67 üb67r Bild67r, Rhythmik und Wortwahl zu v67rmit67ln. So könn67n M67nsch67n sich darst67ll67n und b67gr67ifbar mach67n.

Ist Po67si67 unmod67rn?

Grundsätzlich g67ht das Int67r67ss67 an Lyrik in d67r G67s67llschaft zurück. Buchhändl67r wiss67n, dass für Po67si67 kaum noch 67in67 Nachfrag67 b67st67ht. Doch di67 Üb67rli67f67rung67n von Sprichwört67rn, kurz67n R67im67n und Volksgut bl67ibt in d67r mündlich67n W67it67rgab67 l67b67ndig. Damit di67 vi67l67n sprachlich67n Schätz67 nicht v67rlor67n g67h67n, hat sich di67 UN67SCO vor 17 Jahr67n 67ntschi67d67n, d67n „W67lttag d67r Po67si67" zu b67gründ67n. Po67si67 bl67ibt so lang67 mod67rn, wi67 G67fühl67 67in67 B67d67utung im L67b67n d67r M67nsch67n hab67n.

B67kannt67 V67rtr67t67r

Als Land d67r Dicht67r und D67nk67n hat D67utschland 67in groß67s 67rb67 zu v67rwalt67n. Schill67r, L67ssing und Go67th67 g67hör67n zu d67n Klassik67rn. Doch d67r67n Dichtung war nicht imm67r nur romantisch im Sinn67 67in67r rosarot67n Brill67. Uns67r67 Dicht67r und D67nk67r war67n auch g67s67llschaftskritisch, politisch und t67ilw67is67 aufklär67nd unt67rw67gs.

Di67s67 Tradition s67tz67 sich in d67r N67uz67it fort. Dichtung von Br67cht und

Di67s67r Tag wird s67it 2000 j67d67s Jahr g67f67i67rt, di67 z67ntral67 V67ranstaltung für D67utschland richt67t di67 Lit67raturw67rkstatt B67rlin und d67r67n Int67rn67tplattform lyriklin67.org aus. 67r soll an „di67 Vi67lfalt d67s Kulturguts Sprach67 und an di67 B67d67utung mündlich67r Tradition67n 67rinn67rn". W67it67rhin soll 67in int67rkultur67ll67r Austausch g67förd67rt w67rd67n.

Alle Wörter in diesem Text gehören zum durchschnittlichen Wortschatz. Deshalb ist es Ihnen möglich, diesen Text zu lesen. Anfangs etwas langsamer, aber schon nach den ersten Zeilen geht es immer schneller. Ihr Gehirn erinnert sich. Das geschieht auch beim Schnelllesen, wenn Ihr Wortschatz groß genug ist. Und damit sind wir bei der dritten Übung, Ihrer Leseübung für den Abend. Lesen Sie Literatur. Jeden Abend sollten Sie mindestens 10 Seiten eines Romans lesen, der zur Literatur gehört. Damit ist nicht nur irgendein unterhaltsames Buch gemeint. Es geht nicht um Konsalik, um es direkt zu sagen. Die folgenden Autoren dienen dazu, Ihren Wortschatz zu pflegen und zu erweitern:

- Martin Walser
- Jonathan Frantzen

- Martin Suter
- Elfriede Jelinek
- Doris Lessing
- John Irving
- T.C. Boyle und viele andere.

In einer guten Buchhandlung werden Sie sicher kompetent beraten.

## Teil III - Speedreading auf die Schnelle

Sie haben bereits erkannt, dass Speedreading eine Frage des Trainings ist. Sie können Sie Speedreading nicht anlesen. Wenn Sie nicht bereit sind, mindestens drei Monate lang täglich bewusst zu üben, werden Sie keinen Erfolg ernten. Als Weiterführung zu diesem Buch gibt es Workshops und Seminare. Studenten finden Trainingsgruppen manchmal an den Universitäten. Wenn Sie sich um ein Training bemühen wollen, können Sie das sehr gut auch allein machen. Was Sie dafür brauchen sind Texte und eine Stoppuhr. Manche empfehlen auch das Lesen nach Metronom. Dabei stellen Sie das Metronom so ein, dass Sie bei jedem Schlag eine neue Zeile beginnen. Während des Trainings stellen Sie das Metronom immer schneller. Alle Techniken zielen immer auch darauf, einen gewissen Druck aufzubauen, damit Ihr Gehirn sich auf das Lesen und nur darauf konzentriert. Es sollen beim Speedreading keine zusätzlichen Gedanken verarbeitet werden müssen. Üben Sie immer mit fremden Texten. Dank Internet stehen Ihnen viele Texte zur Verfügung, die Sie ausdrucken können. Und wenn Sie auf unbekannte Wörter stoßen, dann notieren Sie sie. Schlagen Sie nicht nach, während Sie lesen. Denken Sie auch nicht über die Wortbedeutung nach, während Sie lesen. Nachdem Sie mit Ihrem Text am Ende sind, können Sie die unbekannten Wörter nachschlagen. So erweitern Sie auch aktiv und bewusst

Ihren Wortschatz. Halten Sie sich an die folgenden Grundregeln des Speedreading:

1. Tägliches Training ist unerlässlich.
2. Texte werden nur überflogen, nicht Wort für Wort gelesen.
3. Lesen Sie in Wortgruppen statt in Wörtern.
4. Verbieten Sie Ihren Augen, rückwärts zu blicken.
5. Geben Sie Ihren Augen eine Leserichtung vor.
6. Notieren Sie unbekannte Wörter für eine spätere Recherche.
7. Arbeiten Sie mit Textmarker und Bleistift, wenn Sie in einem Text verwertbare Informationen finden.

## Schlusswort

Liebe Leserin, werter Leser,

vielen Dank, dass Sie dieses Buch gelesen haben. Ich wünsche Ihnen viel Erfolg bei Ihrem Training im Speedreading. Wenn Sie dran bleiben werden sie schon sehr schnell Erfolge sehen, und mehr Wissen, schneller aufnehmen können.

**Urheberrechte**

Die Inhalte dieses Werkes unterliegen dem deutschen Urheberrecht. Die Vervielfältigung, Bearbeitung, Verbreitung und jede Art der Verwertung außerhalb der Grenzen des Urheberrechtes bedürfen der schriftlichen Zustimmung des jeweiligen Autors bzw. Erstellers. Downloads und Kopien dieser Seite sind nur für den privaten, nicht kommerziellen Gebrauch gestattet.

## Copyright © 2017 T.Breise

Alle Rechte vorbehalten

Impressum:

T.Breise

c/o Autoren.Services

Zerrespfad 9

53332 Bornheim

tbreise.buch-autoren.de

tbreise@tbreise.buch-autoren.de

Bilder: Shutterstock com Photography

## Email Newsletter

Anmeldung per Email um über Neuerscheinungen und News informiert zu werden, bitte eine Email an

newsletter@tbreise.buch-autoren.de senden.

## Gratis Ebook zum schmökern

Hier ist der Link zu einem meiner Ebooks, dass nach eintragen in meiner Emailliste gratis heruntergeladen werden kann.

http://breiseebook.buch-autoren.de

www.ingramcontent.com/pod-product-compliance
Lightning Source LLC
Chambersburg PA
CBHW050025230526
45470CB00003B/1130